AF279373

Con la ilusión de llevar alegría a más niños,
los beneficios obtenidos por los derechos de autor de este cuento
serán destinados a la Fundación Crecer Jugando
y a la campaña «Un Juguete, una Ilusión» de RTVE.

¡Gracias por leer!

JUAN LÓPEZ RETAMAL

Finidi, el paje travieso

ExLibric
ANTEQUERA 2024

FINIDI, EL PAJE TRAVIESO
© Juan López Retamal
Diseño de portada e ilustraciones: Pau Salinas

Iª edición

© ExLibric, 2024.

Editado por: ExLibric
c/ Cueva de Viera, 2, Local 3
Centro Negocios CADI
29200 Antequera (Málaga)
Teléfono: 952 70 60 04
Fax: 952 84 55 03
Correo electrónico: exlibric@exlibric.com
Internet: www.exlibric.com

ISBN: 979-13-87528-31-7
Depósito Legal: MA 2921-2024

Impresión: PODiPrint
Impreso en Andalucía – España

Nota de la editorial: ExLibric pertenece a Innovación y Cualificación S. L.

JUAN LÓPEZ RETAMAL

Finidi, el paje travieso

EXLIBRIC
ANTEQUERA 2024

¡Un paje explorador!
mi color es el VERDE
soy ayudante del Rey Baltasar

Hola, ...
Me llamo Finidi y soy el paje
del rey Baltasar.
¿Sabéis qué es un paje?
Es un ayudante de los
Reyes Magos que se encarga de
preparar los regalos, cuidar
de los camellos y hacer otras
tareas. Yo soy un paje
explorador y por eso el rey
Baltasar me ha elegido para
una misión muy importante.

Os voy a contar lo que me pasó hace unos días.
Estaba en el palacio de Oriente, donde viven los Reyes Magos,
y el rey Baltasar me llamó a su lado.

Me dijo:

«Finidi, tengo una misión para ti. Quiero que vayas a la casa de los...................................., una familia que vive en..................., ... Allí tendrás que observar a...

Esta noche, los Reyes Magos
me han traído a vuestra casa
y me han dejado encima de
la mesa del salón. Yo me he
quedado mirando vuestro belén,
que es muy bonito. Aunque lo que
me ha llamado la atención es ver
a los tres Reyes Magos,
que todavía están muy lejos del
portal de Belén.
¡Y no me ha dado tiempo
de esconderme!

Así que, ya que me conocéis, os cuento mi misión. Os voy a observar durante el día. Tengo que fijarme en lo que hacéis, lo que decís, lo que sentís y lo que pensáis. Tengo que ver si sois obedientes, respetuosos, generosos y cariñosos o si sois desobedientes, maleducados, egoístas y antipáticos.

También tengo que ver si os gusta leer, jugar, aprender y compartir o si preferís ver la tele, pelearos y aburriros. Y no sólo os vigilo dentro de la casa, sino también fuera, en el colegio, el parque, el cine y en otros sitios.

Cada noche, cuando todos estéis dormidos, tengo que viajar con los Reyes Magos y contarles lo que he visto. Antes de que os despertéis, tengo que estar de vuelta. Para que sepáis que he vuelto, iré acercando a los Reyes Magos de vuestro belén al portal. Y me esconderé en otro sitio diferente al del día anterior. Así no sabréis dónde estoy y tendréis que buscarme. ¿Quién me encontrará primero?

Aunque yo no puedo hablar con vosotros,
sí que puedo escuchar lo que me decís.
Si queréis, podéis carme ideas de los
regalos que os gustaría recibir de los
Reyes Magos y las guardaré en mi cabeza.
Pero os advierto que tengo la cabeza muy
pequeña y no me voy a acordar de todo.
Así que lo mejor es que escribáis
una carta y la dejéis junto al árbol
de Navidad. Yo se la llevaré a
los Reyes Magos; así podrán leerla
y saber qué os hace ilusión.
Queridos Reyes Magos,

RR. MM de
Oriente

Y no os olvidéis de que hay una norma para los regalos. Cada uno de sus majestades de Oriente trae un regalo y cada uno es de un tipo diferente. El primer regalo os lo traerá Melchor, y tiene que ser algo que podáis usar, como las prendas de ropa, los zapatos, un cisfraz o similar.

El segundo regalo os lo traerá Gaspar, y tiene que ser algo relacionado con la lectura, como un libro, una revista o un cómic.

Y el tercer regalo os lo traerá Baltasar, y tiene que ser algo que deseéis mucho, dirigido a alimentar la ilusión, como un juguete, un juego o una sorpresa.

Melchor
Gaspar
QUERIDOS
Reyes Magos
¡Galletas
Plátanos
¡y para los camellos!

Yo les daré vuestra carta, pero no os prometo nada, porque los Reyes Magos son los que deciden al final. Ellos tienen que ver cómo os habéis portado y si os merecéis o no los regalos que habéis pedido.
¡Ah, que no se me olvide! Tenéis que hacer algo muy importante para que ellos sepan que los queréis mucho. Cuando llegue la noche de Reyes, tenéis que poner un vaso de leche y unas galletas para cada rey en el salón. Así los Reyes Magos podrán reponer fuerzas después de tanto viajar y repartir regalos.
Y no os olvidéis de los camellos, que también se cansan mucho y tienen mucha sed. Tenéis que ponerles un cuenco con agua y unos plátanos.

Les he contado todo a los Reyes Magos y ellos os han traído los regalos que os merecíais. Espero que os gusten y que los disfrutéis mucho. Ha sido un placer estar con vosotros estas navidades. Me lo he pasado muy bien viendo cómo os portábais y qué os gustaba hacer. Me tengo que ir con los Reyes Magos, pero no os olvidaré. Os echaré de menos y prometo volver a veros la próxima navidad. Os dejo estas monedas de chocolate para que os las comáis y os acordéis de mí. También os dejo este abrazo y este beso para que sepáis que os quiero mucho.

EL PAJE REAL

Finidi